Analogien für Anfänger

ein Grundprinzip der Magie

Kontakt: www.HarryEilenstein.de
Harry.Eilenstein@web.de
Harry Eilenstein bei youtube

Herstellung und Verlag: BoD – Books on Demand, Norderstedt

ISBN: 9783754374757

Inhaltsverzeichnis

I **Analogien**   **4**

II **Einfache Analogien**   **5**

    1. Der Antrieb   5
    2. Das Verteidigungssystem   7
    3. Die Gegensatz-Ergänzung   8
    4. Förderung und Stabilisierung   10

III **Mehrteilige Analogien**   **11**

    1. Das Steuerelement   11
    2. Die Lenkungs-Instanz   12
    3. Der Außenkontakt   12
    4. Das Orientierungssystem   13
    5. Die Dynamik an Übergängen   14
    6. Dreischritt   15
    7. Dreigliederung   17
    8. Schwarze Löcher   18
    9. Dreipolare Systeme   19

IV **Analogie-Strukturen**   **23**

    1. Sprache   24
    2. Die Merkmale des Lebens   27
    3. vom Ergänzungs-Gegensatz zum I Ging   31
    4. vom Ergänzungs-Gegensatz zum Ifa-Orakel   32
    5. vom Ergänzungs-Gegensatz zum Medizin-Rad   32
    6. Die Planeten-Reihe   33
    7. vom Dreischritt zum Chakrensystem   35
    8. vom Dreischritt zum kaballistischen Lebensbaum   37
    9. Winkel   40
    10. Tierkreis und Superstring   42
    11. Astrologie und Übergänge   44
    12. Die Erfindung der Analogie   47

V **Analogie und Mathematik**   **48**

VI **Analogie-Wirkungen**   **50**

VII **Zusammenfassung**   **52**

    Bücherverzeichnis   54

I Analogien

Was ist eine Analogie?

Analogien sind im Vergleich zur Kausalität kein allzu geläufiges logisches Grundprinzip. Der Zusammenhang zwischen Ursache und Wirkung ist im Alltag hingegen für so gut wie jeden offensichtlich: Wenn ich stolpere und hinfalle, tue ich mit weh; wenn ich arbeiten gehe, erhalte ich Geld; wenn ich esse, hört der Hunger auf; wenn ich schlafe, hört die Müdigkeit aus; usw.

Analogien sind im Alltag meistens sehr unscharf: „Das erinnert mich doch an was …"; „Das sieht doch fast so aus wie …"; „Das ist doch dasselbe in grün!"; usw.

Diese Unschärfe der Analogien findet man auch in der Magie. Nicht, daß dies so sein müßte, aber Präzision ist in den meisten magischen Schriften nicht die hervorstechende Qualität. Wenn man Präzision sucht, muß man eher zu den Mathematikern, zu den Informatikern oder zu den Physikern gehen. Auch bei Handwerkern und Technikern kann man sie finden. Aber in der Magie?

Das bekannteste und am meisten verwendete Analogie-System in der Magie ist sicherlich die Astrologie, d.h. die Qualitäten der zehn Planeten: Ein Motor hat Mars-Qualität, das Denken gehört zum Merkur, das Träumen gehört zum Mond, das Tagträumen gehört hingegen zum Neptun, usw.

Da Analogien in der Magie jedoch ständig verwendet werden, könnte es für jeden Zauberlehrling hilfreich sein, sich das Wesen von Analogien einmal genauer anzusehen. Möglicherweise könnten ja auch Analogien präzise sein – und ein Handeln, das auf präzisen Informationen beruht, hat eine größere Chance effektiv zu sein …

II   Einfache Analogien

Es ist sinnvoll, sich Analogien zunächst einmal auf der allereinfachsten und allerschlichtesten Ebene anzusehen, um das Prinzip der Analogie an sich möglichst klar zu erfassen.

Da es in diesem Buch ständig um Analogien gehen wird, ist es hilfreich, ein Symbol für den Satz „steht in Analogie zu" benutzen – so ähnlich wie das Gleichheitszeichen „ = " in der Mathematik. Das hier benutzte Analogiezeichen ist „ ‖ ". Die Ähnlichkeit mit dem mathematischen Gleichheitszeichen ist durchaus beabsichtigt, da beide Symbole zwar verschieden, aber trotzdem eng miteinander verwandt sind.

1.   Der Antrieb

Alle Dinge, die sich selber bewegen können, werden von etwas angetrieben. Bei einem Auto ist dies der Motor, bei einer Kutsche ist dies das Pferd. Diesen Zusammenhang kann man wie folgt als Analogie-Gleichung darstellen:

Auto		Kutsche
–	‖	–
Motor		Pferd

In diesen Darstellungen steht der Übersichtlichkeit halber – sofern dies möglich ist – das umfassende System, hier also das Auto, oben bzw. in manchen Übersichten auch vorn. Diese Regel macht die Betrachtung einfacher.

Es lassen sich auch andere Beispiele für diesen Zusammenhang finden wie z.B. das Geißeltierchen (ein Einzeller) und seine Geißel, die eine Art Ruder-Schwanz ist, mit dessen Hilfe es sich fortbewegt:

Auto		Kutsche		Geißeltierchen
–	‖	–	‖	–
Motor		Pferd		Geißel

Noch ein weiteres Beispiel wäre das Segelschiff und der Wind:

Auto		Kutsche		Geißeltierchen		Segelschiff
–	‖	–	‖	–	‖	–
Motor		Pferd		Geißel		Wind

Für diese Analogie lassen sich offensichtlich noch viele andere Beispiele finden. Wenn man noch mehr Beispiele für diese Analogie aufführen wollte, müßte man sie als Liste schreiben:

Antriebs-Analogien	
das Angetriebene	*der Antrieb*
Auto	Motor
‖	
Kutsche	Pferd
‖	
Geißel	Geißeltierchen
‖	
Segelschiff	Wind
‖	
Hubschrauber	Motor
‖	
Schiff	Motor
‖	
Mensch	Muskeln
‖	
…	…

Solch eine Liste ist im Grunde nur eine um 90° gekippte Graphik mit einer Analogie-Gleichung.

6

2. Das Verteidigungssystem

Es gibt viel verschiedene Strukturen, die man in verschiedenen Bereichen wiederfinden kann. Eines davon ist das Verteidigungs-System. Dies sind z.B. bei einem Menschen die weißen Blutkörperchen und bei einem Staat das Militär.

Mensch		Staat
–	‖	–
weiße Blutkörperchen		Militär

Bei einem Baum findet sich dieses Prinzip u.a. als das Harz, das Beschädigungen der Rinde verschließt, wieder.

Mensch		Staat		Baum
–	‖	–	‖	–
weiße Blutkörperchen		Militär		Harz

Hier zeigt sich bereits ein Unterschied zu dem Gleichheitszeichen in der Mathematik: Die Strukturen, in denen sich ein Analogiezeichen befindet, sind keine einfachen Reihen wie dies bei Gleichungen der Fall ist (algebraische Gleichung), sondern sie haben zwei Dimensionen, d.h. sie bilden flächige Strukturen, deren „links/rechts"-Richtung die Analogie darstellt, während die „oben/unten"-Richtung die übereinstimmenden Strukturen der betrachteten Systeme, zwischen denen die Analogie besteht, darstellt.

3. Die Gegensatz-Ergänzung

Eine andere bekannte Analogie ist die Gegensatz-Ergänzung, die vor allem als „Yin und Yang" bekannt ist.

Derartige Ergänzungs-Gegensätze sind Mann und Frau, Tag und Nacht, Sommer und Winter, Leib und Seele, Diesseits und Jenseits usw.

Wenn man diese Beispiele betrachtet, sieht man, daß sie zwar alle Gegensätze sind, aber dennoch Unterschiede aufweisen:

> - „Tag – Nacht" und „Sommer – Winter" sind die beiden Pole in einem Zyklus.

> - „Mann – Frau" sind zwar auch zwei sich ergänzende Pole, aber sie sind nicht Teil eines Zyklus, d.h. sie stehen nicht auf den sich gegenüberliegenden Seiten eines Kreises – so wie „Sommer" und „Winter" auf dem Jahreskreis.
>
> Weitere Beispiele für diese Art von Ergänzungs-Gegensatz, die man als „zwei sich ergänzende Hälften eines Ganzen" beschreiben könnte, wären der magnetische Südpol und der magnetische Nordpol oder die positive und die negative elektrische Ladung.

> - „Leib – Seele" sowie „Diesseits – Jenseits" sind auch wieder Gegensätze, aber hier handelt es sich um den Gegensatz von Innen und Außen.

Wenn man Analogien präzise erfassen und nutzen will, ist es förderlich, die jeweiligen Themen genau zu betrachten und nicht nur auf Übereinstimmungen, sondern auch auf Unterschiede zu achten.

Die drei angeführten Gruppen sollten nicht miteinander vermischt werden, auch wenn man sie alle als „Yin/Yang-Gegensatz" bezeichnen könnte. Diese verallgemeinerte und unscharfe Verwendung der Begriffe „Yin" und „Yang" ist auch noch relativ neu und stammt aus der zeitgenössischen Esoterik. Ursprünglich hat Yang das Diesseits und Yin das Jenseits bezeichnet.

Es gibt also die folgenden drei Gruppen von Ergänzungs-Gegensätzen:

Tag		Sommer
–	‖	–
Nacht		Winter

Mann		Südpol		positive Ladung
–	‖	–	‖	–
Frau		Nordpol		negative Ladung

Leib		Diesseits		Yang
–	‖	–	‖	–
Seele		Jenseits		Yin

4. Förderung und Stabilisierung

Man kann zu allen möglichen Qualitäten Analogien suchen. Eine dieser Möglichkeiten ist die Förderung und Stabilisierung eines Systems. Dies wird durch verschiedene Einflüsse und Stoffe erreicht.

Physik	–	Hitze
	‖	
Chemie	–	Katalysator
	‖	
Biologie	–	Enzym
	‖	
Psychologie	–	Therapeut
	‖	
Politik	–	Gesetzesinitiativen

III   Mehrteilige Analogien

In dem vorigen Kapitel sind nur Analogien zwischen verschiedenen System betrachtet worden, die aus zwei Elementen bestehen wie z.B. „Auto – Motor ‖ Kutsche – Pferd".

Man kann nun auch einmal schauen, ob solche Analogien nicht noch mehr Details aufweisen. Dadurch würden die Analogien dann komplexer werden.

1.   Das Steuerelement

In dem Beispiel „Auto – Motor" gibt es ganz offensichtlich noch ein weiteres Element, nämlich die Verbindung zwischen dem Antrieb und dem Angetriebenen. Bei einer Kutsche ist dies der Zügel, bei einem Auto ist dies u.a. das Steuerrad und bei einem Menschen sind dies die Nerven, die vom Gehirn zu den Muskeln führen.

Kutsche		Auto		Mensch
–		–		–
Zügel	‖	Lenkrad	‖	Nerven
–		–		–
Pferd		Motor		Muskeln

2. Die Lenkungs-Instanz

Ein weiteres Element ist die Lenkungsinstanz: Bei der Kutsche ist das der Kutscher, bei dem Auto der Fahrer und bei dem Menschen das Gehirn.

Da die Graphiken nun allmählich größer werden, wird im Folgenden das „–", das den Bezug innerhalb eines System kennzeichnet, meistens fortgelassen.

Kutsche		Auto		Mensch
Kutscher	‖	Fahrer	‖	Gehirn
Zügel		Lenkrad		Nerven
Pferd		Motor		Muskeln

3. Der Außenkontakt

Wenn man ein von einem Motor oder ähnlichem angetriebenes System betrachtet, das sich fortbewegt, gibt es auch immer ein Element, durch das die Kraft des Motors o.ä. den Kontakt zur Umwelt erhält, d.h. das Element, durch das der Motor seine Kraft in eine Bewegung umwandelt.

Das sind bei der Kutsche die Hufe des Pferdes, bei dem Auto die Reifen und bei dem Menschen die Füße.

Kutsche		Auto		Mensch
Kutscher		Fahrer		Gehirn
Zügel	‖	Lenkrad	‖	Nerven
Pferd		Motor		Muskeln
Hufe		Reifen		Füße

4. Das Orientierungssystem

Ein weiteres notwendiges Element ist eine Vorrichtung, mit deren Hilfe sich das jeweilige System in der Umwelt orientieren kann – damit es nicht gegen eine Wand rennt oder in einen Abgrund fällt.

Dies sind bei der Kutsche die Augen des Kutschers und auch des Pferdes, bei dem Auto die Augen des Fahrers und bei dem Menschen die Augen. Dieses Element ist bei den hier betrachteten Systemen überall gleich, aber z.B. bei einem Hund in der Nacht würde die Nase des Hundes eine deutlich größere Rolle spielen als seine Augen.

Kutsche		Auto		Mensch
Kutscher		Fahrer		Gehirn
Augen	‖	Augen	‖	Augen
Zügel		Lenkrad		Nerven
Pferd		Motor		Muskeln
Hufe		Reifen		Füße

Es wird offensichtlich, daß Analogien derart vielfältig sein können bzw. so viele Aspekte haben können, daß es sinnvoll erscheint, nach einer sinnvollen Systematik innerhalb dieser Analogie-Aspekte zu suchen, da das Ganze sonst irgendwann völlig unübersichtlich wird.

13

5. Die Dynamik an Übergängen

Analogien werden natürlich dann interessant, wenn sich aus der Betrachtung dieser Analogien allgemeine Erkenntnisse ergeben, die man dann von dem einen betrachteten System auf alle anderen Systeme übertragen kann.

Eine solche allgemeine Erkenntnis sind z.B. die Vorgänge an dem Übergang von zwei gegensätzlichen Systemen. Diese gegensätzlichen Systeme können „Mann und Frau", „Land und Meer", „Diesseits und Jenseits", „Demokratie und Diktatur" und noch viele andere sein.

An diesen Übergängen finden sich immer die größtmögliche Dynamik und die intensivsten Ereignisse. Die folgenden Beispiele zeigen diese intensive Dynamik sehr deutlich:

Mann		Land		Diesseits		Demokratie
–		–		–		–
Sex, Liebe, Streit	‖	Überflutung, Erosion, Ablagerung	‖	Geburt, Tod	‖	Konkurrenz, Krieg, Befreiung, Unterwerfung
–		–		–		–
Frau		Meer		Jenseits		Diktatur

Wenn man darin geübt ist, derartige Gegensätze zu erkennen, wird man auch schnell die Spannungen und die auf ihnen beruhenden heftigen Ereignisse und auch die aus ihnen resultierenden Verwandlungen in jedem polaren System erkennen können.

6. Dreischritt

Eine weitere Form von Analogie findet man, wenn man Systeme betrachtet, die neu gegründet worden sind oder die expandieren.

Dies kann man z.B. beobachten, wenn ein Unternehmen gegründet wird:
- In der ersten Phase wird sehr viel Geld, Zeit und Arbeit aufgewendet, um das Unternehmen ans Laufen zu bringen.
- In der zweiten Phase wird dann alles geordnet, reglementiert und optimiert.
- In der dritte Phase entsteht schließlich ein Rhythmus in dem System, der von der inneren Dynamik und den äußeren Umständen, auf die das Unternehmen reagiert, hervorgerufen wird.

Dasselbe findet sich in der Astronomie im Umraum der Sonne.
- Rings um die Sonne hat der Sonnenwind, also das Licht und die Ionen, die von der Sonne abgestrahlt werden, die gesamte kleinkörnige Materie, die „Sternenstaub" genannt wird, von der Sonne fortgeweht.
- Rings um diesen vom Sonnenwind geprägten kugelförmigen Bereich findet sich der Sternenstaub, der von der Sonne fortgeweht worden ist, sowie die Ionen, die die Sonne ausgestrahlt hat, in der Form einer Hohlkugel, die „Stoßfront" genannt wird. Sie besteht zwar nur aus feinstem Stab, aber sie hat insgesamt ungefähr dieselbe Masse wie die Erde.
- Diese Hohlkugel aus Sternenstaub und Ionen dehnt sich ständig weiter aus, da sie ja von der Sonne aus mit weiteren Ionen aus dem Sonnenwind bombardiert und „angeschoben" wird. Vor dieser Hohlkugel bildet sich in dem Sternenstaub, der überall im Weltalls ist, eine Art Bugwelle, die aus einer weiteren Hohlkugel aus Sternenstaub besteht – dies kann man sich wie die Bugwelle eines Schiffes (Stoßfront-Hohlkugel) im Wasser (Sternenstaub im Weltall) vorstellen.

Auch im Leben eines Menschen finden sich derartige Phasen:
- In der oralen Phase im Alter von 0-1 Jahren nimmt der Säugling alles auf und wächst. Er sagt zu allem „Ja".
- In der analen Phase im Alter von 1-3 Jahren lernt er zu laufen und zu sprechen, sich abzugrenzen und „Nein!" zu sagen.
- In der phallischen Phase im Alter von 3-12 Jahren findet aufgrund der Fähigkeit, zu den Dingen „Ja" und „Nein!" sagen zu können, schließlich seine eigene Mitte und seinen eigenen Rhythmus und kann mit immer mehr Kraft und Selbstliebe „Ich!!!" sagen.

Als Analogie-Gleichung sieht dieser Dreischritt wie folgt aus:

1. Gründung des Unternehmens		1. Bereich des Sonnenwinds		1. orale Phase: „Ja"
−		−		−
2. Festigung des Unternehmens	‖	2. Bereich der Stoßfront	‖	2. anale Phase: „Nein!"
−		−		−
3. Rhythmus des Unternehmens		3. Bereich der Bugwelle		3. phallische Phase: „Ich!!!"

7. Dreigliederung

In der Anthroposophie von Rudolf Steiner findet sich in vielen Schriften das Analogie-System der Dreigliederung. Zu dieser Dreigliederung gehört auch die Beobachtung, daß Unternehmen – wie im vorigen Abschnitt dargestellt – drei Phasen haben.

Bei Steiner werden diese drei Bereiche hauptsächlich auf zwei Weisen verwendet, wobei nicht immer klar zwischen beiden Möglichkeiten unterschieden wird:
- als Entwicklungsphasen (wie bei dem Unternehmen) => Dies entspricht dem „Dreischritt".
- als ständige Polarität (wie z.B. Auflösung, Verfestigung und Rhythmus) => Dies entspricht dem Gegensatz-Ergänzung und der Beziehung zwischen diesen beiden Polen.

Steiner hat den drei Elementen dieses Systems mythologische Namen gegeben:
- Luzifer (Ausdehnung, Auflösung, sehr aktiv)
- Arhiman (Zusammenziehung, Verfestigung, sehr passiv)
- Christus (Rhythmus, Flexibilität, elastisch)

8.   Schwarze Löcher

Analogien lassen sich auch in der Physik finden. Die vermutlich wichtigste Analogie findet sich, wenn man Energie, Materie und die Substanz von Schwarzen Löchern miteinander vergleicht.

Einsteins berühmte Formel „E=mc^2" besagt, daß sich Energie um den Faktor „c^2" verdichtet, wenn sie zu Materie wird. Man kann sich das bildlich so vorstellen, daß die vorher frei durch den Raum fliegende Energie sich innerhalb eines Materieteilchens in einem winzigen Kreis um die Mitte dieses Materieteilchens dreht – immerhin ist „c" ja die Lichtgeschwindigkeit, also eine Bewegung.

Während sich mehrere Energiequanten wie z.B. zwei Lichtstrahlen (Photonen) ungehindert überlagern können, also nicht zusammenstoßen, ist dies bei Materieteilchen anders: sie stoßen zusammen, wenn sie sich begegnen. Diese „Festigkeit" der Materie (z.B. ein Stein) im Gegensatz zur Energie (z.B. ein Lichtstrahl) entsteht dadurch, daß die Energie, wenn sie sich zu einem Materieteilchen verdichtet, sich in einem winzigen Kreis dreht und daher nicht nur einmal an einem Ort ist, sondern aufgrund ihrer Lichtgeschwindigkeit milliardenmal pro Sekunde an derselben Stelle der „Außenwand" des Materieteilchens, das sie gebildet hat, vorbeikommt. Das „c^2" kann man sich bildhaft so erklären, daß die Oberfläche der Hohlkugel, auf der die Energie in einem Teilchen kreist, eben eine Fläche, also nicht nur „c", sondern „c·c" („c^2") ist.

Wenn man sich nun die Verwandlung von Materie in die Substanz eines Schwarzen Loches anschaut, findet man genau dieselben Dynamiken, Strukturen und Größen vor wie bei der Verwandlung von Energie in Materie. Auch hier geschieht die Verwandlung von Materie von die Substanz eines Schwarzen Loches mithilfe des Faktors „c^2". Auch ein Schwarzes Loch bildet eine Kugel, in der das Licht und die Materie „verschwinden". An die Stelle der Festigkeit, die von der Energie gebildet wird, wenn sie zu einem Materieteilchen wird, tritt bei der Bildung eines Schwarzen Loches die „extreme Festigkeit", die darin besteht, daß es in einem Schwarze Loch kein Nebeneinander von mehreren Einheiten (Materieteilchen) gibt.

Energie → Materie		Materie → Schwarzes Loch
Umwandlungsfaktor „c^2"	‖	Umwandlungsfaktor „c^2"
Festigkeit		nur noch eine Einheit
Kugelform der Materieteilchen		Kugelform des Schwarzen Loches

9. Dreipolare Systeme

Manchmal findet man auch Systeme, zu denen es auf den ersten Blick keine Analogien in der übrigen Welt zu geben scheint. Diese System sind natürlich besonders interessant, weil sich hier die Frage stellt, warum ein System keine Analogien hat – bzw. wo die auf den ersten Blick verborgenen Analogien zu diesem System sein mögen.

Eines dieser auffälligen Systeme sind die drei Quarks, die zusammen ein Proton bzw. ein Neutron bilden. Neben der Masse und der elektrischen Ladung haben diese Quarks auch noch eine sogenannte „Farbladung“, die als „rot“, „blau“ und „gelb“ bezeichnet wird. Genauso, wie in der Elektrizität eine „+“-Ladung zusammen mit einer gleich großen „–“-Ladung elektrisch neutral („0“) ist“, ist auch ein Proton bzw. ein Neutron in Bezug auf die Farbladung neutral, da es aus drei Quarks besteht, die eine gleichgroße Farbladung haben – ein Quark ist „rot“, eines „blau“ und eines „gelb“.

Der Name „Farbladung“ hat nichts mit einer optisch sichtbaren Farbe zu tun, sondern wurde nur zu Illustration gewählt, denn wenn man rotes, blaues und gelbes Licht kombiniert, erhält man weißes, also neutrales Licht.

die drei Arten der Polarität in der Physik			
Eigen-schaften	*Polarität*		
	einpolar	*zweipolar*	*dreipolar*
Name	Gravitation	elektromagnetische Kraft	Farbkraft
Wirkung	zwischen jeglicher Materie und Energie	zwischen elektrisch geladenen Teilchen	zwischen Teilchen mit Farbladung
Richtung der Wirkung	immer Anziehung	ungleiche Ladung: Anziehung; gleiche Ladung: Abstoßung	ungleiche Ladung: Anziehung; gleiche Ladung: Abstoßung
Beteiligte an der Wirkung	alles zieht alles an	elektromagnetisch geladene Teilchen	Teilchen mit Farb--Ladung (Quarks)

Eine Besonderheit bei der Farbkraft ist, daß die Quarks niemals einzeln auftreten, sondern immer als Dreiergruppe, sodaß sie nach außen hin immer neutral sind. (Es gibt auch die Möglichkeit der Kombination von Quark und Anti-Quark, deren Farben dann z.B. „rot“ und „Anti-rot“, d.h. „grün“ sind, wodurch sie nach außen wieder neutral sind, da auch „rot + grün = weiß“ ist.)

Man kann auch in anderen Bereichen Systeme von drei gleichberechtigten Bereichen finden wie z.B. in der demokratischen Verfassung die Legislative, die Exekutive und die Judikative. Diese Dreiheit hat jedoch einen anderen inneren Aufbau und dient lediglich der Gewaltenteilung und der gegenseitigen Kontrolle dieser drei Bereiche.

Man kann diese drei politischen Bereiche mit anderen, ihnen entsprechenden Bereichen gleichsetzen, wodurch dann deutlich wird, daß es sich bei ihnen eigentlich um einen Dreischritt handelt. Diese Dreischritt-Beispiele sind das zentrale Elemente in der anthroposophischen Dreigliederung.

Legislative	–	Exekutive	–	Judikative
		‖		
Freiheit	–	Brüderlichkeit	–	Gleichheit
		‖		
Willen	–	Fühlen	–	Denken
		‖		
Kunst	–	Wirtschaft	–	Forschung
		‖		
Selbstausdruck	–	Besitz	–	Gesetz
		‖		
„Luzifer"	–	„Christus"	–	„Arhiman"
		‖		
1. Gründung des Unternehmens	–	2. Festigung des Unternehmens	–	3. Rhythmus des Unternehmens
		‖		
1. Sonnenwind	–	2. Stoßfront	–	3. Bugwelle
		‖		
1. orale Phase: „Ja"	–	2. anale Phase: „Nein!"	–	3. phallische Phase: „Ich!!!"

Dieses Beispiel zeigt noch einmal, daß nicht alles, was aus drei Elementen besteht, auch dieselbe innere Dynamik haben muß.

Die sechs ersten Beispiele in dieser Liste stellen drei Bereiche eines organischen

Gebildes dar; die drei letzten Beispiele sind hingegen Entwicklungsdynamiken. Sie haben jedoch alle neun analoge Qualitäten, weshalb man sie unter diesem Aspekt in dieser Liste zusammenfassen kann. Die drei Farbladungen haben jedoch keine solche erkennbaren drei Phasen oder drei unterschiedliche Qualitäten, weshalb sie nicht Teil dieser Liste sein können, deren Analogien eben diese drei verschiedenen Qualitäten bzw. Qualitäten von Phasen sind.

Es gibt jedoch auch eine Analogie zu der Dreipolarität, die die drei Quarks in einem Proton oder Neutron prägt – sie findet sich im Bereich der Seele.

Die Seele kann im Traum, auf einer Traumreise, in einer Vision usw. auf verschiedene Weise erscheinen: als Licht, als Sonne, als goldene Kugel, als Engel, als Mensch, als Gottheit, als Fabelwesen – sie nimmt die Gestalt an, die ihre Qualität für den betreffenden Menschen am einfachsten erfaßbar macht.

Wenn sie als Mensch erscheint, hat sie in den mir bekannten Fällen dasselbe Geschlecht wie der Mensch selber, zu dem sie gehört. In Krisenzeiten treten bei diesen Menschen manchmal in Träumen, auf Traumreisen, in Meditationen u.ä. zwei Menschen auf, die wie zwei Schwestern bzw. zwei Brüder aussehen und das andere Geschlecht wie die Seele haben. Wenn die Seele ein Mann ist, sind dies zwei Schwestern; wenn die Seele eine Frau ist, sind dies zwei Brüder. Alle drei wirken jeweils wie Geschwister. Diese beiden „Seelen-Geschwister" helfen dem betreffenden Menschen auf meist ziemlich direkte und eindrückliche Weise.

Bei den Quarks gibt es eine entsprechende Qualität. Die beiden Arten von Quarks, aus denen die Protonen (p^+) und die Neutronen (n^o) bestehen, haben auch eine elektrische Ladung. Das up-Quark hat eine positive Ladung, die 2/3 so groß wie die eines Elektrons ist (+2/3e); das down-Quark hat eine negative Ladung, die 1/3 so groß ist wie die eines Elektrons (−1/3e).

Das Proton besteht aus zwei up-Quarks und aus einem down-Quark. Es hat somit die folgende elektrische Ladung: p^+ = +2/3e + +2/3e + −1/3e = +3/3e = +1e.

Das Neutron besteht aus einem up-Quark und aus zwei down-Quarks. Es hat somit die folgende elektrische Ladung: n^o = +2/3e + −1/3e + −1/3e = 0/3e = 0e.

Beide Elementarteilchen haben also ein Quark mit der einen Ladung und zwei Quarks mit der anderen Ladung. Das entspricht der Seele mit ihren beiden Begleitern, die das andere Geschlecht wie die Seele haben. Die Seele mit ihren beiden Begleitern wirken wie Geschwister – das entspricht bei dem Proton und dem Neutron, daß sie aus drei Quarks bestehen, die wie Geschwister sind.

Die Analogie-Struktur bei der Dreipolarität sieht also wie folgt aus:

Seele und Begleiter	–	Seele als Mann	–	2 Begleiter als Frauen
		$\parallel$		
Seele und Begleiter	–	Seele als Frau	–	2 Begleiter als Männer
		$\parallel$		
Proton (p^+)	–	1 up-Quark (+2/3)	–	2 down-Quarks (-1/3)
		$\parallel$		
Neutron (n^o)	–	1 down-Quark (-1/3)	–	2 up-Quarks (+2/3)

IV Analogie-Strukturen

Nachdem es sich inzwischen gezeigt hat, daß es komplexe Analogie-Strukturen gibt, liegt es nahe, nach allgemeingültigen Systemen von Analogien suchen. Das Finden solcher Strukturen würde das Erfassen komplexer Analogie-Strukturen deutlich einfacher machen.

Solch eine Suche fängt natürlich mit den Analogie-Strukturen an, die bereits gefunden worden sind. Die Frage ist also, ob sich diese Strukturen miteinander in einer Weise kombinieren lassen, durch die eine praktische und hilfreiche Analogie-Struktur entsteht, die zugleich ausreichend komplex, ausreichend flexibel in der Anwendung und ausreichend schlicht und leicht erfaßbar ist. Optimalerweise sollte sie zudem alle bekannten Formen von Analogie-Strukturen enthalten – oder zumindestens die meisten von ihnen.

In den vorigen Kapiteln sind die folgenden Analogie-Strukturen beschrieben worden:
- System und Antrieb
- Verteidigung des Systems
- Lenkung des Systems
- Außenkontakt zur Erzeugung einer Bewegung des Systems
- Steuerung der Bewegungen des Systems
- Orientierung des Systems in seinem Umraum
- Polarität und Zusammenhang
- Dreischritt
- Einpolarität, Zweipolarität, Dreipolarität
- Qualitäten an Übergängen

1. Sprache

Ein sehr wichtiges Analogie-System, das bisher noch nicht erwähnt worden ist, ist die Sprache. Die Analogien finden sich in der Sprache in zwei Bereichen: in der Grammatik und in der Dichtkunst.

Die Grammatik beschreibt die Anordnung der Worte in Sätzen und die Bedeutung, die diese Stellung der Worte im Satz hat.

So erscheint z.B. in so gut wie allen Sprachen in einem Satz zuerst das Aktive und dann das Passive, also erst das Subjekt und dann das Objekt. Man schaut also zunächst einmal auf das, wovon eine Wirkung ausgeht, und erst dann als zweites auf das, was diese Wirkung empfängt. Dies ist eine naheliegende Anordnung, weil das, was sich bewegt, das Auffälligste ist.

Daraus ergeben sich Zwei-Wort-Sätze ohne Verb, die man mit ein bißchen Phantasie durchaus verstehen kann, auch wenn sie nicht immer ganz eindeutig sind:

> Wind – Wolken
> Mann – Schubkarre
> Frau – Kind

In den meisten Sprachen gibt es neben dem Subjekt und dem Objekt auch noch ein Verb, das die Wirkung zwischen Subjekt und Objekt näher beschreibt. Dadurch werden die Sätze präziser:

> Wind – bläst – Wolken
> Mann – schiebt – Schubkarre
> Frau – stillt – Kind

Im Deutschen steht das Verb zwischen dem Subjekt und dem Objekt. Die Sprachgeste ist hier: „Handelnder – Handlung – Beeinflußter“. Es geht hier also darum, einen Einfluß auszuüben.

Im Deutschen beschreibt die Grammatik also die Durchsetzung der Absichten des Handelnden.

Im Lateinischen steht das Verb hinter Subjekt und Objekt, also z.B. „agricola convivam expectat“, also „Bauer – Besucher – erwarten“. Hier steht auch der Handelnde (Bauer) am Anfang, aber dann folgt das Ziel der Handlung (Besucher) und erst dann die Beschreibung der Handlung bzw. Wirkung (erwarten).

Im Lateinischen beschreibt die Grammatik folglich vor allem die Rangordnung zwischen Subjekt und Objekt.

Im Altägyptisch steht das Verb vor dem Subjekt und dem Objekt, also z.B. „weben re her·geb", also „aufsteigen – Sonnengott Re – über Erdgott Geb". Hier steht der Vorgang selber (aufsteigen) im Zentrum der Aufmerksamkeit, also am Anfang des Satzes.

Im Altägyptischen beschreibt die Grammatik vorrangig die Vorgänge in der Welt, die der Betrachter wahrnimmt.

Dieser kurze Vergleich zeigt schon, daß die Grammatik ein Raster ist, das bestimmte Strukturen und somit auch Bewertungen und eine Lenkung der Aufmerksamkeit vorgibt.

Die drei grundlegenden Elemente „Subjekt, Verb, Objekt" entsprechen der Analogie-Struktur von „Kutscher, Zügel und Pferd". Sprache bewegt sich also offensichtlich in Analogie-Strukturen.

Natürlich sind die Strukturen der Grammatik wesentlich komplexer als hier beschrieben, aber eine vollständige Analyse auch nur der wesentlichen Elemente der Grammatik auch nur einer einzigen Sprache wäre sehr aufwendig und ist für das Thema dieses Buches auch nicht unbedingt notwendig. Aber die Grammatik, die jede Sprache prägt, zeigt, daß wir es alle gewohnt sind, in Analogien zu denken.

Wir „spielen" sogar mit diesen Analogien, indem wir die Veränderung der normalen Wortfolge dazu benutzen, die Bedeutung des Satzes zu verändern, obwohl wir die Worte selber beibehalten. Diese Bedeutungsveränderungen werden meistens durch verschiedene Wortendungen u.ä. unterstützt.

Der Mann schiebt die Schubkarre.
Die Schubkarre wird von dem Mann geschoben.
Die Schubkarre soll der Mann schieben!
Schiebt der Mann die Schubkarre?
Schieben soll der Mann die Schubkarre!
usw.

Die Vielfalt der Sprachen und ihrer Grammatiken legt die Vermutung nahe, daß man auf sehr viele verschiedene Weisen Analogie-Struktur erschaffen kann. Vermutlich ist nicht nur die Sprache eine Art Kontinuum von Analogie-Strukturen, aus denen man unter den verschiedensten Möglichkeiten wählen kann, sondern auch die Welt selber.

Wahrscheinlich ist die Welt analog strukturiert und es steht einem frei, welche Analogien man betrachtet. Auch die bisher untersuchten Analogie-Strukturen waren so vielfältig, daß man davon ausgehen sollte, daß Analogien eine genauso grundlegende

Eigenschaft der Welt sind wie die Größe oder die Masse.

Um eine Analogie erkennen zu können, muß man eine Qualität auswählen und sie in mehreren Systemen betrachten. Das bedeutet jedoch nicht, daß nur diese Analogie-Struktur real ist. Wahrscheinlich gibt es endlos viele Möglichkeiten, solche Analogien auszuwählen und zu betrachten.

Wenn diese Überlegung zutreffen sollte, geht es also nicht darum, die eine und einzig richtige Analogie-Struktur in der Welt zu finden, sondern darum, eine möglichst sinnvolle Analogie-Struktur zu entdecken, die möglichst sowohl universell als auch möglichst nützlich ist.

Ob diese sowohl universelle als auch schlicht-schlüssige Analogie-Struktur dann auch so etwas ist, wie die „natürliche Analogie-Struktur" der Welt, ist dann noch eine andere Frage. Man darf dies bei einer solchen universellen und schlicht-schlüssigen Analogie-Struktur zumindestens hoffen.

2. Die Merkmale des Lebens

Einige der Analogie-Strukturen, die bereits genannt worden sind, sind auch als die „Merkmale des Lebens" und unter ähnlichen Namen bekannt.

Diese neun Merkmale des Lebens sind:

1. Körpergestalt
2. Aufbau aus Zellen
3. Wachstum (des Individuums)
4. Stoffwechsel
5. Energiestoffwechsel
6. Wahrnehmung und Reaktion darauf
7. Eigenbewegung
8. Fortpflanzung
9. Entwicklung (der Art, d.h. Evolution)

Dazu kommen noch drei weitere Merkmale, die jedoch nicht immer vorhanden oder in ausgeprägtem Maße vorhanden sind:

10. Selbstschutz
11. Schutz der eigenen Art
12. Kooperation mit anderen Individuen der eigenen Art

Die vier Analogie-Strukturen „Orientierung des Systems in seinem Umraum", „Steuerung der Bewegungen des Systems", „System und Steuerung der Bewegungen des Systems" und „Außenkontakt zur Erzeugung der Bewegung des Systems" entsprechen alle dem 6. Merkmal des Lebens, d.h. der Wahrnehmung und der Reaktion darauf.

Die Analogie-Struktur „System und Antrieb" entspricht dem 7. Merkmal des Lebens, d.h. der Eigenbewegung.

Die Analogie-Struktur „System und Verteidigung des Systems" entspricht dem 10. und 11. Merkmal des Lebens, d.h. dem Selbstschutz und dem Schutz der eigenen Art.

Die Analogie-Struktur „System und Lenkung des Systems" entspricht keinem der Merkmale des Lebens, sondern beschreibt den Umstand, daß ein Lebewesen ein einheitlicher Organismus ist, der ein Verfahren zur Lenkung dieses Organismus entwickelt hat.

Es bleiben von den Merkmalen des Lebens noch acht Merkmale übrig, die in den früheren Kapiteln dieses Buches noch nicht beschrieben worden sind:

1. Körpergestalt
2. Aufbau aus Zellen
3. Wachstum (des Individuum)
4. Stoffwechsel
5. Energiestoffwechsel
8. Fortpflanzung
9. Entwicklung (der Art, d.h. Evolution)
12. Kooperation mit anderen Individuen der eigenen Art

Auch für diese acht Merkmale des Lebens lassen sich Analogie-Strukturen bilden. Als Beispiele werden hier jeweils der Mensch, ein Auto und ein Staat genommen – die Merkmale des Lebens beschreiben nicht nur Lebewesen, sondern alle Arten von organischen Gebilden – wobei „organisch" hier im Sinne von „in ssich abgeschlossene Funktionseinheit" gemeint ist.

Der Vollständigkeit halber werden auch noch einmal die drei Lebens-Merkmale „Wahrnehmung und Reaktion", „Eigenbewegung" sowie „Selbstschutz und Schutz der eigenen Art" aufgeführt.

Wahrnehmung und Reaktion				
Mensch		Auto		Staat
–	||	–	||	–
Sinne und Muskeln		Fahrer		Verwaltung

Eigenbewegung				
Mensch		Auto		Staat
–	||	–	||	–
Muskeln		Motor, Räder		Exekutive

Selbstschutz und Schutz der eigenen Art				
Mensch	‖	Auto	‖	Staat
–		–		–
Schutz		TÜV		Polizei, Militär

Körpergestalt				
Mensch	‖	Auto	‖	Staat
–		–		–
Haut		Karosserie		Grenze

Aufbau aus Zellen				
Mensch	‖	Auto	‖	Staat
–		–		–
Zellen		Bauteile		Menschen

Wachstum (Individuum)				
Mensch	‖	Auto	‖	Staat
–		–		–
Leben		Heckspoiler anbringen u.ä.		Eroberungen

Stoffwechsel				
Mensch	‖	Auto	‖	Staat
–		–		–
Nahrung		neue Reifen		Importe

Energie-Stoffwechsel				
Mensch		Auto		Staat
–	‖	–	‖	–
Nahrung		Benzin		Produktion

Fortpflanzung				
Mensch		Auto		Staat
–	‖	–	‖	–
Sex		Autofabrik		Kolonien; neue Verfassung

Entwicklung (Evolution)				
Mensch		Auto		Staat
–	‖	–	‖	–
vom Homo erectus zum Homo sapiens		von ersten Benz zum Porsche		vom Kaiserreich zur Demokratie

Kooperation mit anderen Individuen der eigenen Art				
Mensch		Auto		Staat
–	‖	–	‖	–
Familie, Stadt, Staat, Menschheit		Verkehrsregeln		internationale Kooperation

Diese zwölf Merkmale des Lebens beschreiben zwar zutreffend Eigenschaften aller Lebewesen und auch aller organischer Gebilde, aber sie sehen noch recht unstrukturiert aus und sind zunächst einmal nur eine Liste, aber keine umfassende, komplexe und zugleich schlichte Analogie-Struktur.

3. vom Ergänzungs-Gegensatz zum I Ging

Auf der Suche nach gut funktionierenden und zugleich komplexen und schlichten Analogie-Strukturen ist es naheliegend, ein einfaches Grundprinzip zu verwenden und dieses Grundprinzip differenziert anzuwenden. Eine der einfachsten Analogie-Strukturen ist der Ergänzungs-Gegensatz.

In der chinesischen Weltanschauung ist am Anfang die undifferenzierte Welt:

☯ Tao:　　　Einheit

Dieses Tao teilt sich in zwei Gegensätze:

— Yang:　　Diesseits, Leben, Leib, Außen, Süden,　warm, trocken
-- Yin:　　　Jenseits, Tod,　Seele, Innen, Norden, kalt, feucht

Durch die Kombination dieser Gegensätze entstehen die vier Grundelemente:

⚌ Yang-Yang:　　　Sommer
⚎ Yang-Yin:　　　Herbst
⚍ Yin-Yang:　　　Frühling
⚏ Yin-Yin:　　　Winter

Diese Gegensätze kann man noch einmal differenzieren, wodurch man die acht Trigramme erhält:

☰ Yang-Yang-Yang: Himmel
☴ Yang-Yang-Yin: Wind
☲ Yang-Yin-Yang: Feuer
☶ Yang-Yin-Yin: Berg
☳ Yin-Yang-Yang: See
☵ Yin-Yang-Yin: Wasser
☳ Yin-Yin-Yang: Donner
☷ Yin-Yin-Yin: Erde

Jedes dieser Trigramme kann sich in jedes andere dieser Trigramme verwandeln oder auch gleich bleiben. Dadurch ergeben sich 8·8=64 Verwandlungsmöglichkeiten. Diese Möglichkeiten haben diesem System auch den Namen gegeben: „I Ging", d.h. „Das Buch der Wandlungen". Diese 8·8=64 Verwandlungsmöglichkeiten werden als ein Feld mit 8·8=64 Feldern dargestellt, das auch der Ursprung des Spielbrettes für das Dame-Spiel und das Schach-Spiel gewesen ist.

4. vom Ergänzungs-Gegensatz zum Ifa-Orakel

Der Ergänzungs-Gegensatz muß eine sehr alte Vorstellung sein, da sie sich auch in Westafrika als die Grundalge des Ifa-Orakels findet. Es ist im Wesentlichen genauso aufgebaut wie das I Ging: Es gibt eine Ursprungs-Gottheit, die sich in der Welt als zwei Polaritäten zeigt, die sich wiederum als zwei Polaritäten zeigen, die sich wiederum als zwei Polaritäten zeigen usw. Dadurch entsteht die Zahlenfolge „1 – 2 – 4 – 8 – 16 – 31 – 64 – 128 – 256", die von der Urgottheit über die verschiedenen Gottheiten bis zu den vielen Geistern führt.

Beim Ifa-Orakel ist die Tafel, auf der diese Wesen angeordnet sind, nicht wie beim I Ging 8·8=64 Felder groß, sondern 16·16=256 Felder groß.

Wie das I Ging wird auch das Ifa für Orakel verwendet.

5. vom Ergänzungs-Gegensatz zum Medizin-Rad

Dasselbe Prinzip findet sich auch in Amerika bei den Indianern. Bei den Prärie-Stämmen ist dieses System als „Medizinrad" bekannt. Es entsteht wieder durch fortschreitende Polarisierung aus einer Einheit heraus. Es gibt hier jedoch keine einheitliche Endgröße, sondern Kreise aus 8, 16, 32, 64 und evtl. auch noch mehr Elementen.

In Mittelamerika findet sich dieses Prinzip u.a. in dem Kalender der Mayas, der durch die Teilung des Jahreskreises in zwei Hälften, vier Viertel, acht Achtel und so weiter gegliedert wird.

6. Die Planeten-Reihe

Ein ganz anderer Ansatz zur Bildung eines Analogie-Systems findet sich bei der Planetenfolge in der Astrologie. Bis 1781 waren nur die sieben klassischen Planeten Mond, Merkur, Venus, Sonne, Mars, Jupiter und Saturn bekannt. 1781 kam Uranus hinzu, 1846 der Neptun und 1930 der Pluto.

Das Analogie-Prinzip der Planetenreihe ist recht einfach: Es ist eine Folge von Qualitäten, die sich in gleichgroßen Schritten weiterentwickelt.

Mond	- Wahrnehmung	- Kind
Merkur	- Denken	- Schüler
Venus	- Bewerten	- Jugendlicher
Sonne	- Entscheiden	- König
Mars	- Tat	- Krieger
Jupiter	- Ziele	- Manager
Saturn	- Festigung	- Wächter
Uranus	- Neues	- Erfinder
Neptun	- Auflösung	- Künstler
Pluto	- Verwandlung	- Magier

Es ist leicht zu erkennen, daß dies eine in sich logische Folge von Qualitäten ist:

Man nimmt etwas wahr (Mond),
denkt dann darüber nach (Merkur),
bewertet es dann (Venus),
trifft daraufhin eine Entscheidung (Sonne),
kann dann handeln (Mars)
und somit etwas aufbauen (Jupiter),
das dann anschließend als etwas Gutes bewahrt wird (Saturn);
dies wird dann jedoch so oft durch Neues ergänzt (Uranus),
daß es schließlich seine alte Form aufzulösen beginnt (Neptun)
und sich dann verwandelt (Pluto),
woraufhin man erst einmal innehalten und schauen muß (Mond).
Dann beginnt man aufs Neue über das Gesehene nachzudenken (Merkur)
usw.

In dieses Raster lassen sich alle Dinge und Ereignisse einsortieren.

Es ist in diesem Zusammenhang wichtig, daß dies zwar ein in sich schlüssiges Raster ist, aber daß es kein natürliches Raster ist:

- Wenn man auf dem Mars geboren werden würde, würde der Mond (der Erde) fortfallen, aber die beiden Marsmonde Daimos und Phöbos kämen hinzu. Somit hätte man auf einmal statt 10 Planeten 11 Planeten im Horoskop. Würde dann die Erde die Rolle des Mars übernehmen?

- Wenn man auf der Venus geboren werden würde, würde ebenfalls der Erd-Mond fortfallen, aber kein anderer Mond käme hinzu (die Venus hat keine Monde), sodaß man nun nur noch 9 astrologische Planeten hätte. Würde nun die Erde auf einmal die Venus ersetzen?

- Und der arme Astrologe, der das Horoskop eines Menschen berechnen sollte, der auf dem Jupiter mit seinen über 50 Monden geboren wird!

Diese einfachen Überlegungen zeigen, daß die Planetenfolge eine zwar logische und schlüssige, aber keine natürliche Analogie-Struktur ist. Trotzdem hat sie sich schon jahrtausendelang in der Astrologie bewährt.

Diese Beobachtung bestätigt die Annahme, daß die Welt durch und durch analog aufgebaut ist und daß man die verschiedensten Raster benutzen kann, um diese Analogie-Strukturen erkennen zu können. Es geht in diesem Kapitel dieses Buches also zunächst einmal nur darum, überhaupt komplexe Analogie-Raster zu finden, zu betrachten und zu schauen, für was sie verwendet werden können und wie nützlich sie sind.

7. vom Dreischritt zum Chakrensystem

Auch der Dreischritt ist eine grundlegende Analogie-Struktur, die sich wie der Ergänzungs-Gegensatz ausdifferenzieren und an den verschiedensten Orten wiederfinden läßt. Auf der Suche nach einem möglichst praktischen Analogie-System sollte man natürlich auch die magischen, astrologischen, religiösen und sonstigen nicht-physikalischen Analogie-Strukturen miteinbeziehen, da ein effektives und nützliches System von Analogien auch auf die Magie anwendbar sein sollte.

Der Dreischritt, der sich u.a. im Umraum der Sonne als Sonnenwind, Stoßfront und Bugwelle findet, prägt auch das Chakrensystem. Auch hier geht die Entwicklung von innen nach außen.

Sonne: Zentrum		Herzchakra: Zentrum, Identität, „Tempel der Seele"	
Sonnenwind: unge-hinderte Ausdehnung		Sonnengeflecht: unge-hemmter körperlicher Selbstausdruck (Gefühle)	Halschakra: ungehemmter sozialer Selbstausdruck (Gefühle)
Stoßfront: feste Form an der Grenze	‖	Hara: körperliche Orientierung (Gedanken)	Drittes Auge: soziale Orientierung (Gedanken)
Bugwelle: Bewe-gung in den Umraum		Wurzelchakra: körperlicher Kontakt (Wahrnehmung)	Scheitelchakra: geistiger Kontakt (Wahrnehmung)

Die Analogie zwischen dem Umraum der Sonne und dem Chakrensystem enthält noch mehr Details:

- Eine sich bewegende elektrische Ladung erzeugt ein Magnetfeld – und die Sonne enthält Ionen, d.h. elektrisch geladene Teilchen.
- Wenn diese Bewegung eine Rotation ist, bündelt sich das entstehende Magnetfeld zu zwei Strahlen, die an den beiden Polen, d.h. entlang der Rotationsachse austreten. Sie werden „Jets" genannt.
- In diesen Jets werden elektrisch geladene Teilchen beschleunigt, die in das Weltall hinausfliegen.
- Die positiv geladenen Teilchen und die negativ geladenen Teilchen kreisen dabei in entgegengesetzter Richtung um diesen Jet.
- Solche Jets gibt es auch bei Planeten, Monden und Galaxien. Bei der Erde treten sie am Nordpol und am Südpol aus und lassen dort das Nordlicht ent-stehen.

- Die Impulse aus dem Herzchakra lassen die Sushumna entstehen, die aus zwei Lebenskraft-Strahlen besteht, von denen der eine nach unten zum Wurzelchakra und weiter in die Erde hinein reicht, während der andere nach oben hin zum Scheitelchakra und weiter zur Sonne hinauf reicht.

- Um diese Sushumna herum winden sich Ida und Pingala in entgegengesetzter Richtung von innen nach außen hin.

- Die Sushumna enthält das Bild der Seele, Ida und Pingala enthalten das Bild des heilen inneren Mannes und der heilen inneren Frau.

Man kann die Analogie-Struktur des Dreischritts somit erweitern:

Sonne: Zentrum		Herzchakra: Zentrum, Identität, „Tempel der Seele"	
Sonnenwind: unge-hinderte Ausdehnung		Sonnengeflecht: unge-hemmter körperlicher Selbstausdruck (Gefühle)	Halschakra: ungehemmter sozialer Selbstausdruck (Gefühle)
Stoßfront: feste Form an der Grenze		Hara: körperliche Orientierung (Gedanken)	Drittes Auge: soziale Orientierung (Gedanken)
Bugwelle: Bewe-gung in den Umraum	‖	Wurzelchakra: körperlicher Kontakt (Wahrnehmung)	Scheitelchakra: geistiger Kontakt (Wahrnehmung)
zwei Jets: je ein gerader Strahl nach oben und unten		Sushumna: gerader Strahl nach unten	Sushumna: gerader Strahl nach oben
Ionen-Spiralen: drehen in entgegengesetzter Richtung um den Jet		Ida und Pingala: zwei spiralförmige Strahlen nach unten	Ida und Pingala: zwei spiralförmige Strahlen nach oben

8. vom Dreischritt zum kaballistischen Lebensbaum

Auch der Dreischritt ist bereits vervielfältigt, differenziert und erweitert worden und dadurch zu einer komplexen Analogie-Struktur geworden.

Zunächst einmal hat man die Sache selber:

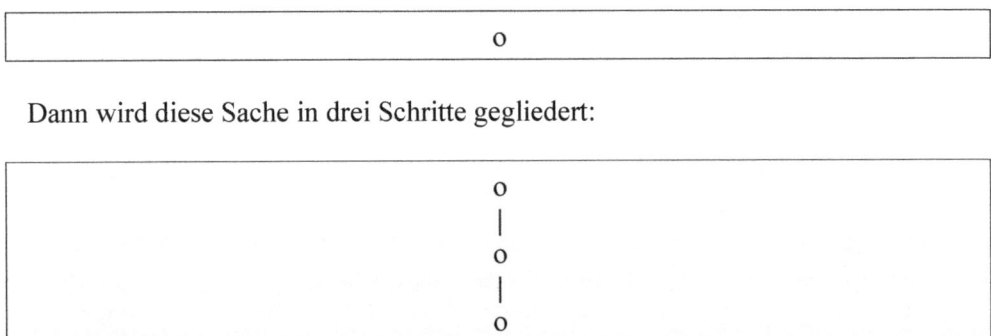

Dann wird diese Sache in drei Schritte gegliedert:

Diese drei Schritte werden hier nicht als „Subjekt – Verb – Objekt" aufgefaßt, sondern als „aktive Einheit – Differenzierung – passive Vielheit" beschrieben. Dies sind jedoch nur andere Worte für dieselbe Dynamik. Auch in dieser Formulierung ist das erste Element, also die Einheit, frei und aktiv; und auch hier ist das dritte Element, also die Vielheit, geprägt und passiv; und das zweite Element ist folglich kreativ.

Das erste Element (oben) wird auch als Bewußtsein und als Gott angesehen, das dritte Element (unten) als Materie, Welt und Leib. Das zweite Element ist die Seele (Mitte), die sowohl Gottes Freiheit in sich trägt als auch die Determiniertheit des Körpers und daher kreativ sein kann und Magie ausüben kann.

Die Seele ist das Element, das die Magie in die Welt bringt, d.h. die von ihrem Bewußtsein aus die Welt mehr oder weniger unabhängig von den Naturgesetzen gestalten kann.

Die Freiheit Gottes liegt darin begründet, daß es bei einer Einheit nichts zweites gibt, das diese Einheit in irgendeiner Weise einschränken könnte.

Die Determiniertheit der Vielheit liegt darin begründet, daß die vielen kleinen Teilchen allesamt wirken und keines davon alleine entscheidend sein kann – somit ergibt sich die statistische Wahrscheinlichkeit der Bewegungen der Teilchen, aus denen sich die Naturgesetze ergeben.

Den mittleren Bereich, also die Seele und die Entwicklung und Entfaltung sowie die Wirkung der Einheit auf die Vielheit, kann man nun noch einmal in einen Dreischritt gliedern. Das sieht dann wie folgt aus:

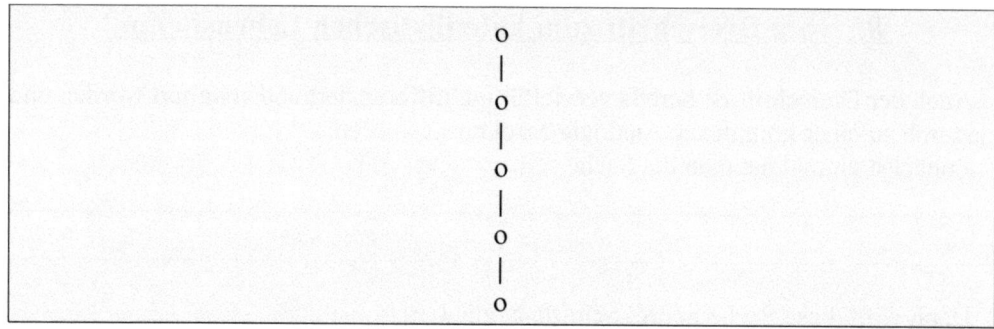

Die oberste Kugel ist weiterhin Gott und die untere die Welt sowie die mittlere die Seele. Die zweite Kugel von oben zwischen Gott und Seele ist der Bereich der Gottheiten; die zweite Kugel von unten zwischen der Seele und dem Körper ist der Bereich des Lebenskraftkörpers und somit auch der Psyche.

Diese fünf Kugeln entsprechen der „Übung der Mittleren Säule" in der Magie:

- Dabei befindet sich die mittlere (goldene) Kugel im eigenen Herzchakra;
- die zweitunterste (violette) Kugel repräsentiert das Sonnengeflecht, das Hara und das Wurzelchakra;
- die zweitoberste (regenbogenfarbene) Kugel repräsentiert das Halschakra, das Dritte Auge und das Scheitelchakra;
- die oberste (weiße) Kugel ist Gott über einem,
- und die unterste (braune) Kugel ist die Erde unter einem.

Die drei mittleren Kugeln können jetzt noch einmal in jeweils einen Dreischritt gegliedert werden, wobei diese Gliederung als drei Dreiecke erscheint (zwei Kugeln oben außen und eine in der Mitte darunter):

```
          o
       o __|__ o
       | \ o / |
       o __|__ o
       | \ o / |
       o __|__ o
          \ o /
           |
           o
```

Auf diese Weise ist nun die Analogie-Struktur des Lebensbaumes entstanden. Diese

Kugeln werden oft durchnummeriert, wobei eine dieser Kugeln keine Zahl trägt, da sie traditionell als die „unsichtbare Sphäre" bezeichnet wird, die die Brücke zwischen Diesseits und Jenseits darstellt. Sie heißt „Da'ath" und wird im Folgenden mit „D" abgekürzt.

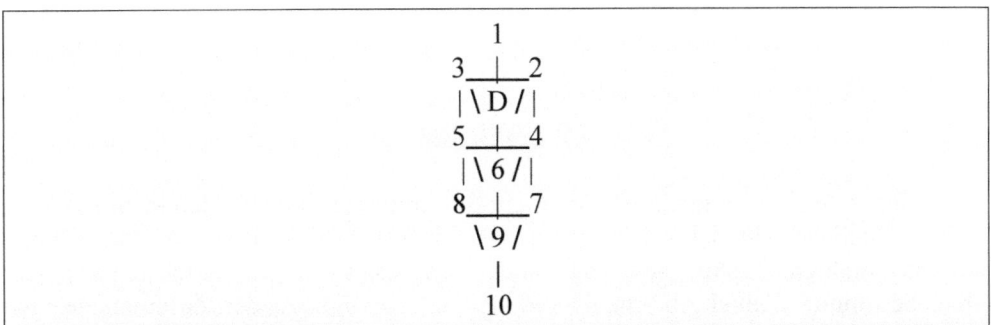

Diese Analogie-Struktur läßt sich in allen Dingen wiederfinden, was zeigt, daß sie zumindestens eine universelle Analogie-Struktur sein muß, wenn man auch noch nicht weiß, ob sie die „natürliche" Analogie-Struktur ist.

Das „alle Dinge" ist wirklich wörtlich gemeint. Diese Struktur findet sich im Aufbau der deutschen Verfassung, in der Struktur eines Staubsaugers, im Klassischen Ballett, in der Superstringtheorie, in der Evolution, in der Magie – wirklich überall.

Das kann hier natürlich nicht detailliert dargestellt werden, weil das einige hundert Seiten beanspruchen würde. Bei Bedarf kann dies in meinem dreibändigen Buch „Blüten des Lebensbaumes" genauer nachgelesen werden.

Die Zuordnung der Chakren zu dem Lebensbaum, die bei der Mittleren Säule erwähnt worden ist, sowie die Zuordnung der astrologischen Planeten zu dem Lebensbaum sieht wie folgt aus:

- 1 (Kether):   Pluto
- 2 (Chokmah):   Neptun
- 3 (Binah):   Uranus
- D (Da'ath):   Saturn   Scheitelchakra
- 4 (Chesed):   Jupiter   Drittes Auge
- 5 (Geburah):   Mars   Halschakra
- 6 (Tiphareth):   Sonne   Herzchakra
- 7 (Netzach):   Venus   Sonnengeflecht
- 8 (Hod):   Merkur   Hara
- 9 (Yesod):   Mond   Wurzelchakra
- 10 (Malkuth):   Erde

Die in sich schlüssige Reihenfolge der Planeten und auch die in sich schlüssige Reihenfolge der Chakren bleibt erhalten. Ebenso stimmt der Charakter der Chakren mit den ihnen zugeordneten Planeten überein. Das ist schon einmal vielversprechend.

Die in Klammern stehenden Namen sind die traditionellen Namen der betreffenden Kugeln (Sphären, Sephiroth) auf dem Lebensbaum.

9. Winkel

Es gibt noch eine Möglichkeit, Analogie-Strukturen zu finden: Man kann schauen, welche Qualitäten die Winkel in unserer Welt haben. Ein Winkel ist abstrakt genug, um eine Analogie-Struktur sein zu können – man kann also einmal danach schauen, ob es bestimmte Winkel gibt, die überall, wo sie in grundlegenden Zusammenhängen auftauchen, dieselbe Qualität haben.

Diese Winkel, die als Analogie-Strukturen angesehen werden können, sind:

180°: Dies ist der Ergänzungs-Gegensatz – zwei Dinge stehen sich gegenüber. Er findet sich in der Physik bei den beiden Polen der Elektrizität und bei den beiden Polen des Magnetismus. Die elektromagnetische Kraft ist eine der drei Grundkräfte. In der Astrologie ist er der Oppositions-Aspekt.

90°: Dieser Winkel hat die Qualität einer Trennung – zwei Dinge stehen im rechten Winkel zueinander. Er findet sich in der Physik am deutlichsten in dem rechten Winkel zwischen der elektrischen Welle und der dazugehörigen magnetischen Welle. In der Astrologie ist er der Quadrat-Aspekt, der ebenfalls eine Trennung anzeigt. Fast alles, was konstruiert wird wie z.B. Häuser, ist von rechten Winkeln geprägt.

120°: Dieser Winkel ist ein Drittel-Kreis – drei Dinge stehen in einem gleichseitigem Dreieck. Er entspricht in der Physik vor allem der zweiten Grundkraft, der dreipolaren Farbkraft, die die drei Quarks in einem Proton bzw. in einem Neutron zusammenhält. In der Astrologie erscheint dieser Winkel als das Trigon, das ebenfalls einen zusammenhaltenden Charakter hat.

60°: Dieser Winkel stellt die Bildung eines komplexen Gebildes aus gleichen Elementen dar, also die Gruppenbildung – sechs Elemente bilden ein regelmäßiges Sechseck („Wabe"). In der Physik zeigt er sich als Abstand von mehreren Monden auf derselben Umlaufbahn, als Schneeflocke, als Bienenwaben, als Lagerung von gleichgroßen Kugeln usw. In der Astrologie ist dies der Sextil-Aspekt, der auch hier eine Gruppenbildung beschreibt.

0°: Dieser Winkel ist die Identität, die Verschmelzung. In der Physik ist er in der Gestalt der Gravitation, die alles zusammenzieht, eine der drei Grundkräfte. In der Astrologie läßt der Konjunktions-Aspekt zwei oder mehr Planeten zu einer Einheit verschmelzen.

30°: Dieser Winkel stellt eine Weiterentwicklung dar. Man kann in der Natur von der Qualität her die Katalysatoren und die Enzymen diesem Winkel zuordnen, auch wenn sie keinen erkennbaren 30°-Winkel aufweisen. In der Astrologie stellt das Halbsextil den Übergang von einer Entwicklungsstufe zur nächsten dar.

150°: Dieser Aspekt entspricht in der Physik vor allem der schwachen Wechselwirkung, die eine Verwandlung und Veränderung bewirkt. Als Winkel ist er jedoch bei der schwachen Wechselwirkung nicht deutlich wiederzufinden, nur als Qualität. In der Astrologie entspricht dieser Winkel dem Quincunx, das das Pflegen, Ordnen, Heilen, Spannen, Regenerieren usw. darstellt.

Diese Winkel sind alle ein Mehrfaches von 30°. Der Winkel von 30° scheint somit eine wesentliche Größe innerhalb der natürlichen Analogie-Strukturen zu sein. Da Winkel Bruchteile eines Kreises sind und 30° ein Zwölftel-Kreis ist, ergibt sich, daß der 12-geteilte Kreis ein wichtiges Element innerhalb der Analogien sein muß.

10. Tierkreis und Superstring

Ein wichtiger zwölfgeteilter Kreis ist nicht schwer zu finden: Es ist der Tierkreis, der aus 12 gleichgroßen Abschnitten besteht, die jeweils 30° groß sind. In dem Tierkreis finden sich zudem auch überall die Qualitäten der Winkel wieder:

0°: Alle Tierkreiszeichen sind mit sich selber identisch.

30°: Die zwölf Tierkreiszeichen bilden eine logische Folge von Entwicklungschritten. Jeder dieser Schritte mißt 30°, d.h. er führt zu dem folgenden Tierkreiszeichen.

60°: Dieser Winkel führt stets zu einem Tierkreiszeichen, das dem Tierkreiszeichen, von dem man ausgegangen ist, so ähnlich ist, daß die beiden sich ergänzen und Mitglied derselben Gruppe sein können.

90°: Alle Tierkreiszeichen, zwischen denen sich dieser Winkel befindet, grenzen sich gegeneinander ab und gehen in verschiedene Richtungen.

120°: Tierkreiszeichen mit diesem Abstand gehören zu demselben Element (Feuer, Wasser, Luft, Erde) und sind somit eng miteinander verwandt.

150°: Wenn zwei Tierkreiszeichen diesen Abstand zueinander haben, können sie sich gegenseitig heilen, sich ordnen und wieder neu ausrichten.

180°: Tierkreiszeichen mit diesem Abstand sind Ergänzungs-Gegensätze wie z.B. Nahrungsaufnahme (Stier) und Nahrungsausscheidung (Skorpion).

Der zwölfgeteilte Kreis findet sich auch in der Physik an einer ganz grundlegenden Stelle: Der kleinste Superstring ist ein zwölfgeteilter Kreis. Diese Struktur wird auch „Heisenberg'sche Spin-Kette" genannt. Sie ist der Grundbaustein, der gesamten heutigen Physik, d.h. der Superstringtheorie.

Man kann also davon ausgehen, daß der zwölfgeteilte Kreis ein wesentliches Element innerhalb einer natürlichen Analogie-Struktur sein wird.

Der zwölfgeteilte Kreis

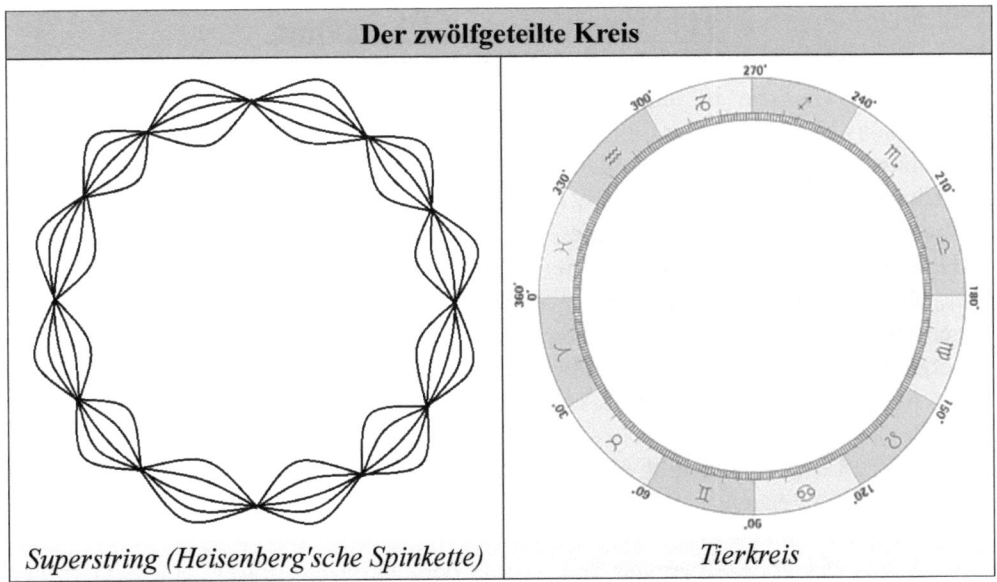

Superstring (Heisenberg'sche Spinkette)   *Tierkreis*

11. Astrologie und Übergänge

Mit dem Tierkreis ist das Horoskop verbunden, das den Planetenstand bei der Geburt eines Menschen oder eines anderen Lebewesens darstellt und das auch bei der Gründung eines Unternehmens oder Staates o.ä. entsteht. Dieses Horoskop beschreibt den Charakter des Betreffenden bzw. den Charakter des betreffenden Lebewesens, der Sache oder der Organisation, den diese ihr Leben lang beibehält.

Horoskope gehören offenbar zu den Übergängen, an denen ein System (Mensch, Tier, Unternehmen) selbständig wird – schließlich entstehen sie im Augenblick der Eigenständigwerdung (Geburt, Gründung).

Letztlich ist natürlich jeder Augenblick ein solcher Übergang, weshalb sich auch für jeden Augenblick eine Variation des Geburtshoroskops berechnen läßt („astrologische Transite").

Auf dem Lebensbaum gibt es vier Übergänge, die daher auch alle vier mit dem Tierkreis verbunden sind:

- Der erste Übergang von „1" zu dem Dreieck „2/3/D" erscheint in der Physik als die Entstehung der ersten Energiequanten, d.h. als der ersten zwölfgeteilten Superstrings.

- Der zweite Übergang von dem Dreieck „2/3/D" zu dem Dreieck „4/5/6" erscheint in der Physik als die Verdichtung von Energie zu Materie mithilfe der Formel „$E=mc^2$". Hier entstehen die genau 12 Grundbausteine der Welt: die vier Teilchen up-Quark, down-Quark, Elektron und Neutron, die in drei verschiedenen Größen auftreten. Dies sind $3 \cdot 4 = 12$ Teilchen.

- Der dritte Übergang von dem Dreieck „4/5/6" zu dem Dreieck „7/8/9" erscheint in der Physik u.a. als die Bildung der Elektronenhüllen um einen Atomkern, bei denen die 12 allerdings nicht mehr so klar erkennbar ist. In dem Lebensbaum eines Menschen ist dieser Übergang das Horoskop eines Menschen, das auf dem Tierkreis beruht.

- Bei dem vierten Übergang von dem Dreieck „7/8/9" zu „10" findet sich die Variation des Geburtshoroskops durch den augenblicklichen Planetenstand, d.h. durch die Transite.

Der zwölfgeteilte Kreis läßt sich somit als Struktur der Übergänge auf dem Lebensbaum einfügen:

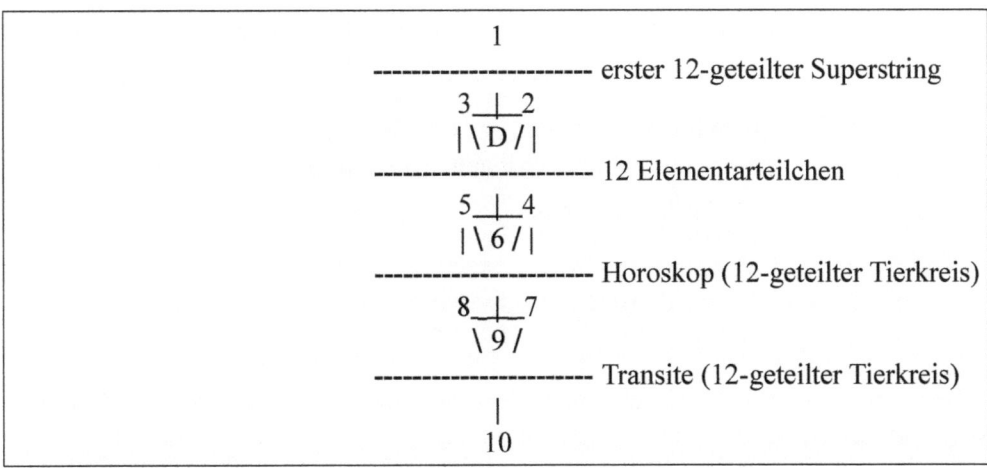

```
                    1
         ---------------------- erster 12-geteilter Superstring
                  3__|__2
                  |\ D /|
         ---------------------- 12 Elementarteilchen
                  5__|__4
                  |\ 6 /|
         ---------------------- Horoskop (12-geteilter Tierkreis)
                  8__|__7
                   \ 9 /
         ---------------------- Transite (12-geteilter Tierkreis)
                    |
                   10
```

Der Tierkreis enthält mehrere der grundlegenden Analogie-Strukturen, die bereits beschrieben worden sind:

- Die Grundstruktur des Lebensbaumes läßt sich aus dem Dreischritt herleiten.

- Die Gegensatz-Ergänzung findet sich auf dem Lebensbaum jeweils bei dem ersten Element eines Bereiches, also bei „2", „4" und „7". Die konkrete Erscheinungsform dieser Gegensatz-Ergänzung variiert natürlich je nach dem Lebensbereich, auf den man den Lebensbaum anwendet.
Einige einfache Beispiele sind für diese drei Bereiche auf dem Lebensbaum sind:
-für die „2" die Polarisierung des Tao in „Yin" und „Yang",
- für „4" das Ziel und die Befürchtung,
- sowie für die „7" die Bewertung, also das Angezogenwerden und das Abgestoßenwerden.

- Die Zwölfer-Struktur findet sich an den vier Übergängen.

- Eine weitere Qualität auf dem Lebensbaum ist die Einheit („1"), die einpolar ist. Dies ist u.a. das Wesen von Gott.
Der zweite Bereich („2/3/D") ist zweipolar und wird daher durch eine große Dynamik gekennzeichnet. Dies ist u.a. das Wesen der Gottheiten.
Der dritte Bereich („4/5/6") ist dreipolar und stellt die Zentrierung, den Zusammenhalt dar. Dies ist u.a. das Wesen der Seele.

Der vierte Bereich ist wie der zweite Bereich wieder zweipolar und hat daher wieder ein große Dynamik. Er stellt u.a. das Wesen der Psyche dar.

Der fünfte Bereich ist wie der erste Bereich wieder einpolar und ist daher eindeutig. Er stellt u.a. das Wesen des Körpers dar.

Die Polarität ist auf dem Lebensbaum symmetrisch angeordnet:

1. Bereich: einpolar   Gott
2. Bereich: zweipolar   Gottheiten
3. Bereich: dreipolar   Seele
4. Bereich: zweipolar   Psyche
5. Bereich: einpolar   Körper

Diese Betrachtungen ließen sich noch sehr viel weiter ausführen, aber da es in dem vorliegenden Buch nicht um die Beschreibung des Lebensbaumes, sondern um die Betrachtung der Analogien allgemein geht, reichen diese groben Skizzierungen.

Der kabbalistische Lebensbaum hat von den bisher bekannten Analogie-Strukturen die größte Chance, eine natürliche Analogie-Struktur zu sein, da er umfassend, schlicht, und zugleich komplex ist und zudem viele andere grundlegenden Analogie-Strukturen enthält und zudem universell anwendbar ist. Außerdem enthält er an seinen vier Übergängen den zwölfgeteilten Kreis, der bisher als einziges Element sicher als eine „natürliche Analogie-Struktur" erkennbar ist.

12. Die Erfindung der Analogie

Die Erfindung der Analogie liegt ca. 12.000 Jahre zurück. Als am Ende der letzten Eiszeit die Jungsteinzeit begann, bildeten sich deutlich größere Menschengruppen als zuvor – es lebten nun statt maximal 20 Menschen teilweise 500 und mehr Menschen zusammen. Mit der Entwicklung von Ackerbau und Viehzucht wurden die Gemeinschaften noch einmal wesentlich größer und es bildeten sich erste Dörfer und Städte.

In der Altsteinzeit kannte jeder jeden gut genug, um sich orientieren zu können. In der Jungsteinzeit konnte man hingegen nicht mehr jeden Einzelnen kennen. Daher benutzte man den Vergleich, um sich zu orientieren. Auch das Leben selber war deutlich komplexer geworden. Dadurch ergaben sich abstraktere Begriffe wie „Bauer", „Hirte", „Zimmermann", „Steinmetz", „Erntezeit", „Aussaattermin" usw.

Das Jahr selber legte auch die Vorstellung einer endlosen Wiederholung der Jahreszeiten nahe, in der jedes Jahr wieder dasselbe geschah. So entstand nach und nach eine abstraktere Beschreibung der Welt, die nicht mehr aus konkreten Assoziationen zu konkreten Menschen und Dingen, also aus Bildern bestand, sondern die aus Urbildern zusammengesetzt war, die jeweils einen bestimmten Typ Mensch, eine Gruppe von bestimmten Vorgängen, einen Sorte von Ereignissen usw. beschrieben haben.

Die Gesamtheit dieser Beschreibungen bildete dann die Mythologie, die die Sammlung aller wichtigen Urbilder, Gleichnisse und Analogien war.

Das wichtigste Gleichnis war die Analogie zwischen dem Leben eines Menschen, zwischen dem Leben des Getreides und zwischen dem Sonnenlauf:

Zeugung		Aussaat		Frühling
Geburt		Keimen		
Leben	‖	Wachstum	‖	Sommer
Tod		Ernte		Herbst
Jenseits		Lagerung		Winter

47

V Analogie und Mathematik

Die Mathematik und die Analogie-Logik sind beide gleichermaßen präzise, doch sie sind auch völlig verschieden: Die Mathematik vergleicht Quantitäten – die Analogie-Logik vergleicht Qualitäten.

Das Symbol „=" zeigt, daß sich links und rechts von ihm dieselben Mengen derselben Sache befinden.

Die Mathematik ist aus dem Zählen der Bewohner eines Dorfes, der Größe der Getreidefelder und der Rinder auf den Weiden entstanden.

Das Symbol „ || " zeigt, daß sich links und rechts von ihm dieselbe Qualität bzw. dieselbe Anordnung mehrerer Qualitäten befindet.

Die Analogie-Logik ist aus dem Vergleich von Strukturen in verschiedenen Bereichen entstanden.

Das, was durch die Mathematik und die Analogie-Logik möglich wird, unterscheidet sich recht deutlich – schließlich schaut die Mathematik nach Mengen und die Analogie-Logik nach Eigenschaften.

Die Mathematik ermöglicht die genaue Berechnung von Mengen sowie der Veränderung dieser Mengen unter bestimmten Einflüssen wie z.B. der Verdopplung oder der Halbierung.

Die Analogie-Logik ermöglicht die Übertragung der Erkenntnis aus einem Bereich in einen anderen. Wenn man z.B. festgestellt hat, daß der 4. Bereich auf dem Lebensbaum („Chesed") die Qualität der Sichtbarkeit bzw. der Durchsichtigkeit hat, kann man diese Qualität auf den Chesed-Bereich in allen anderen Systemen übertragen.

 - In der Politik ist dieser 4. Bereich die Legislative, die nur dann gedeihen kann, wenn alle Fakten für alle sichtbar sind.

 - In einem Unternehmen ist dieser 4. Bereich der Planung durch das Management, das auch nur dann gut planen kann, wenn es alle Informationen zur Verfügung hat.

 - In der Meditation ist dieser 4. Bereich der innere Ort, an dem alle früheren Inkarnationen sichtbar werden und auch jede andere Information telepathisch zugänglich wird.

Diese Verschiedenartigkeit von Mathematik und Analogie-Logik zeigt auch sehr deutlich, daß man niemals die Mathematik durch die Analogie-Logik ersetzen kann und daß dies auch umgekehrt nicht möglich ist.

VI Analogie-Wirkungen

In den bisherigen Kapiteln sind die Analogien nur als Ordnungssystem beschrieben worden.

Da die Mathematik jedoch kausale Zusammenhänge beschreiben kann, stellt sich die Frage, ob auch die Analogie-Logik eine Form des Zusammenhangs zwischen verschiedenen Ereignissen beschreiben kann. Diese Frage kann man mit einem klaren „Ja." beantworten.

Die einfachste Form des tatsächlichen Zusammenhangs zwischen zwei Analogien und nicht nur der strukturellen Übereinstimmung zwischen ihnen ist das Omen. Dabei zeigt ein kleines, auffälliges Ereignis an, daß in Kürze dasselbe Ereignis in groß geschehen wird.

So kann z.B. ein Stolpern darauf hinweisen, daß gleich eine Gefahr wie z.B. ein Absturz kommt. Natürlich können Omen auch sehr viel konkreter sein. Man kann z.B. auf der Straße ein Bild von einem Mann mit auffälliger Kleidung finden und kurz darauf einem Mann begegnen, der genau solche Kleidung trägt. Wenn man ihn dann anspricht, stellt sich evtl. heraus, daß er genau die Sache besitzt oder weiß, nach der man gerade gesucht hat.

Die Existenz solcher Omen kann man natürlich nicht abstrakt mit einem Text beweisen – man kann sie nur erleben und dann wissen, daß es so etwas gibt.

Ähnlich steht es mit Omen. Man stellt eine Frage, zieht z.B. eine Tarotkarte und erhält dadurch die Antwort auf die Frage. Dies funktioniert, weil das Tarot als Ganzes ein Bild der Welt ist – genau so wie auch das I Ging oder andere Orakel. Die Orakel-Elemente (Tarot, Hexagramme des I Ging usw.) sind ein Bild von der Welt und da das Bild der Welt eine Analogie zur Welt ist, befinden sich beide stets in demselben Zustand.

Noch deutlicher wird dies bei der Astrologie: Die Planeten stehen in Analogie zu den Ereignissen auf der Erde. Das speziellste Ereignis ist die Geburt eines Menschen, bei dem der Planetenstand den Charakter dieses Menschen beschreibt.

Man kann dazu geneigt sein, die Planeten als die Verursacher des Charakters der Menschen anzusehen, weil die Planeten so groß sind und ihre Bewegungen nicht vom Menschen beeinflußt werden können – aber der Stand der Planeten ist nur ein Hilfsmittel, mit dem man den Zustand der Welt erfassen kann: Der Planetenstand ist ein Bild des Zustandes der Welt – genauer gesagt, des qualitativen Zustandes, der als Analogie-Struktur sichtbar wird.

Das Interessante an der Astrologie ist, daß sie zeigt, daß es nicht nur statische Analogien gibt wie zwischen „Katalysator in der Chemie", „Enzym in der Biologie" und „Therapeut in der Psychologie", sondern daaß es auch eine „Qualität der Zeit" gibt, die als die augenblickliche Analogie-Struktur erscheint, die durch den Planetenstand sichtbar wird.

In der Magie macht man sich die Analogien zunutze, indem man das, was man sich wünscht, symbolisch, d.h. per Analogie darstellt und es dadurch herbeiruft. Das kann das Ausgießen von Wasser in einem Regenzauber sein, die Imagination von einer Lichtschnur sein, die die erwünschten Menschen in das eigene Leben ruft, das Bauen eines Modell-Hauses, wenn man sich ein entsprechendes reales Haus wünscht usw.

Die Analogie ist in der Magie nicht unbedingt notwendig – man kann die Magie auch auf den intensiven Wunsch und die intensive Vorstellung des Gewünschten reduzieren. Doch eine Geste oder Handlung, die das Gewünschte darstellt, erleichtert das erfolgreiche Ausüben der Magie in den meisten Fällen recht deutlich.

Ein spezieller Fall von Analogie ist das Heilen von einer Krankheit durch das, was die Krankheit ausmacht – also z.B. das Heilen von Fieber durch das Entzünden eines Feuers. Früher nannte man das „Sympathie-Zauber", wobei „Sympathie" in diesem Zusammenhang nur ein anderes Wort für „Analogie" ist.

Die heute geläufigste Form dieser Art der Heilung ist die Homöopathie. Man verdünnt eine Substanz (z.B. Kamille, Pferdehaar oder Bergkristall) so lange durch Mischen mit Milchzucker, bis nichts mehr von der Ausgangssubstanz übrig ist, und formt daraus Kügelchen („Globuli"). Dann nimmt man diese Globuli ein und beobachtet, welche Symptome anschließend auftreten – diese Symptome stimmen oft mit den Symptomen überein, die auch die Substanz selber auslösen würde. Wenn nun jemand eine Krankheit hat, sucht der Homöopath nach dem homöopathischen Mittel, dessen Symptome mit den Krankheits-Symptomen möglichst genau übereinstimmen – das ist dann das passende Heilmittel.

VII Zusammenfassung

Die Betrachtungen haben gezeigt, daß die Welt nicht nur kausal durch Ursache und Wirkung geordnet ist, sondern auch durch Analogien.
Diese Analogien haben mehrere Eigenschaften:

- Sie scheinen zunächst einmal keine bestimmte Struktur zu haben, da man die verschiedensten Aspekte in dem einen System in vielen anderen Systemen wiederfinden kann.
Ein Beispiel dafür ist die Analogie zwischen der Hitze in der Physik, den Katalysatoren in der Chemie, den Enzyme in der Biologie, den Therapeuten in der Psychologie und den Gesetzesinitiativen in der Politik.

- Es gibt allgemein anwendbare und in sich schlüssige Analogie-Strukturen wie die astrologische Qualität der Folge der Planeten, die jedoch nicht universell sind.

- Es gibt einige Analogie-Strukturen, die grundlegend zu sein scheinen und sich in vielen Zusammenhängen finden.
Dazu gehören vor allem der Ergänzungs-Gegensatz und der Dreischritt.

- Diese grundlegenden Analogie-Strukturen können zu komplexen Analogie-Systemen ausgebaut werden.
Bei dem Ergänzungs-Gegensatz sind dies das I Ging, die Ifa-Orakel und die Medizinräder. Bei dem Dreischritt ist dies der Lebensbaum.

- Im zwölfgeteilten Kreis sind sowohl der Ergänzungs-Gegensatz (180°) als auch der Dreischritt (120°) enthalten. Auch die Winkel von 0°, 30°, 60° und 150° haben überall eine einheitliche Qualität.
Der zwölfgeteilte Kreis ist als Tierkreis die Grundlage der Astrologie und als Superstring die Grundlage der Physik.
Der zwölfgeteilte Kreis ist sehr wahrscheinlich eine „natürliche Analogie-Struktur".

- Die umfassendste komplexere Analogie-Struktur, die bisher bekannt ist, ist der kabbalistische Lebensbaum. In ihm finden sich auch der Ergänzungs-Gegensatz, der Dreischritt und auch der zwölfgeteilte Kreis.

- Die Astrologie, die Omen und die Orakel zeigen, daß es nicht nur statische Analogien im Aufbau von Systemen gibt, sondern daß es auch eine „Analogie-Dynamik", d.h. eine „Qualität der Zeit" gibt, die man mithilfe der Astrologie, der Omen und der Orakel sichtbar machen kann.

In der Form des Geburtshoroskops „gefriert" diese Zeit-Qualität im Augenblick der Eigenständigwerdung eines Systems (Geburt eines Menschen u.ä.) und prägt dieses System dann solange, wie es als eigenständiges System existiert (bis zum Tod eines Menschen u.ä.).

- Die Berücksichtigung und Nutzung von Analogien in der Magie kann man dem Nutzen von Rückenwind vergleichen: Es ist nicht unbedingt notwendig, aber es erleichtert das Erreichen des Ziels.

Bücher von Harry Eilenstein

- The Synthesis of Physics and Magic (192 p.)	- Money Magic for Beginners (60 p.)
- Telepathy for Beginners (60 p.)	- Magic Objects for Beginners (64 p.)
- Telepathy for Advanced Learners (52 p.)	- Shamanism for Beginners (52 p.)
- Telekinesis for Beginners (56 p.)	- Chakra-Magic for Beginners (148 p.)
- Life Force for Beginners (76 p.)	- Language of the Moon – for Beginners (128 p.)
- Kundalini for Beginners (104 p.)	- Self Knowledge for Beginners (60 p.)
- Astral Projection for Beginners (60 p.)	- Da'ath-Magic for Beginners (64 p.)
- Meditation for Beginners (60 p.)	- Astrology for Beginners (112 p.)
- Prophecy for Beginners (60 p.)	- Number Symbolism for Beginners (64 p.)
- Ritual Magic for Beginners (64 p.)	- Mandalas for Beginners (76 p.)
- Magic Chant for Beginners (108 p.)	- Crop Circles for Beginners (344 p.)
- Invocations for Beginners (52 p.)	- Feng Shui for Beginners (96 p.)
- Evocations for Beginners (62 p.)	- Magic Research for Beginners (140 p.)
- Auto-Movement for Beginners (60 p.)	
- Elves for Beginners (56 p.)	- Magic for Beginners – Anthology I (636 p.)
- Hypnosis for Beginners (56 p.)	- Magic for Beginners – Anthology II (616 p.)
- Love Magic for Beginners (52 p.)	- Magic for Beginners – Anthology III (684 p.)
	- Magic for Beginners – Anthology IV (580 p.)

Religion allgemein
- Die sieben Schritte des Lebens (428 S.)
- Muttergöttin und Schamanen (168 S.)
- Totempfähle (440 S.)
- Der Urriese (168 S.)

Jungsteinzeit
- Göbekli Tepe (472 S.)
- Die Göttin von Göbekli Tepe (144 S.)

Ägypten
- Hathor und Re 1: Götter und Mythen im Alten Ägypten (432 S.)
- Hathor und Re 2: Die altägyptische Religion – Ursprünge, Kult und Magie (396 S.)
- Isis (508 S.)

Christentum
- Christus (60 S.)
- Die Biographie des Teufels (144 S.)

Indogermanen
- Die Entwicklung der indogermanischen Religionen (700 S.)
- Wurzeln und Zweige der indogermanischen Religion (224 S.)

Griechen
- Pan (336 S.)
- Poseidon (668 S.)

Inder
- Dakini (80 S.)
- Vajra (76 S.)

Germanen
- Die Götter der Germanen (87 Bände – siehe nächste Seite)
- Odin (300 S.)

Kelten
- Cernunnos (690 S.)
- Taliesin (228 S.)
- Der Kessel von Gundestrup (220 S.)
- Der Chiemsee-Kessel (76)

Psychologie
- Über die Freude (100 S.)
- Das Geheimnis des inneren Friedens (252 S.)
- Das Beziehungsmandala (52 S.)
- Gefühle und ihre Verwandlungen (404 S.)
- einsgerichtet (140 S.)
- Liebe und Eigenständigkeit (216 S.)
- Von innerer Fülle zu äußerem Gedeihen (52 S.)

Heilung
- Die Symbolik der Krankheiten (76 S.)

Kunst
- Herz des Tanzes – Tanz des Herzens (160 S.)
- Die Wurzeln der Kunst (60 S.)
- Wege zur Musik-Improvisation (32 S.)

Drama
- König Athelstan (104 S.)

„Magie für Anfänger"

- Telepathie für Anfänger (60 S.)
- Telepathie für Fortgeschrittene (52 S.)
- Telekinese für Anfänger (52 S.)
- Analogien für Anfänger (56 S.)
- Lebenskraft für Anfänger (60 S.)
- Meditation für Anfänger (56 S.)
- Kundalini für Anfänger (100 S.)
- Hypnose für Anfänger (56 S.)
- Auto-Movement für Anfänger (56 S.)
- Chakra-Magie für Anfänger (148 S.)
- Astralreisen für Anfänger (56 S.)
- Astrologie für Anfänger (120 S.)
- Silberschnüre für Anfänger (52 S.)
- Zaubersprüche für Anfänger (60 S.)
- Ritual-Magie für Anfänger (56 S.)
- Mandalas für Anfänger (68 S.)
- Geldzauber für Anfänger (56 S.)
- Liebeszauber für Anfänger (52 S.)
- Invokationen für Anfänger (52 S.)
- Evokationen für Anfänger (60 S.)
- Geister für Anfänger (52 S.)
- Elfen für Anfänger (56 S.)
- Magie-Forschung für Anfänger (140 S.)
- Magie-Romantik für Anfänger (60 S.)
- Selbsterkenntnis für Anfänger (52 S.)
- Einweihungen für Anfänger (60 S.)
- Drogen-Kabbala für Anfänger (216 S.)
- Zahlensymbolik für Anfänger (60 S.)
- Die Sprache des Mondes – für Anfänger (116 S.)
- Zaubergesänge für Anfänger (100 S.)
- Zukunftschau für Anfänger (60 S.)
- Schamanismus für Anfänger (52 S.)
- Schwitzhütten für Anfänger (52 S.)
- Magische Gegenstände für Anfänger (68 S.)
- Zaubertränke für Anfänger (64 S.)
- Magie-Gesten für Anfänger (252 S.)
- Da'ath-Magie für Anfänger (64 S.)
- Kornkreise für Anfänger (348 S.)
- Feng Shui für Anfänger (96 S.)
- Tao für Anfänger (112 S.)
- Magie für Anfänger – Sammelband   I (696 S.)
- Magie für Anfänger – Sammelband   II (664 S.)
- Magie für Anfänger – Sammelband III (580 S.)
- Magie für Anfänger – Sammelband IV (700 S.)
- Magie für Anfänger – Sammelband   V (676 S.)

„Traumreisen"

- Traumreisen zu Heilpflanzen (700 S.)

Magie

- Handbuch für Zauberlehrlinge (408 S.)
- Tarot (104 S.)
- Physik und Magie (184 S.)
- Die Synthese von Physik und Magie (200S.)
- Die Magie-Formel (156 S.)
- Schwarze Löcher in der Magie (56 S.)
- Krafttiere – Tiergöttinnen – Tiertänze (112 S.)
- Schwitzhütten (524 S.)
- Mythen und Magie der Harfe (116 S.)
- Drei Adeptus Major Rituale (192 S.)

Meditation

- Der Lebenskraftkörper (230 S.)
- Die Chakren (100 S.)
- Das Chakren-System mit den Nebenchakren (296S.)
- Organe und Chakren (64 S.)
- Die platonischen Körper in den Chakren (156 S.)
- Meditation (140 S.)
- Drachenfeuer (124 S.)
- Kundalini I (676 S.)
- Kundalini II (672 S.)
- Reinkarnation (156 S.)
- einsgerichtet (140 S.)

Astrologie

- Astrologie (496 S.)
- Photo-Astrologie (428 S.)
- Die astrologischen Aspekte (88 S.)
- Horoskop und Seele (120 S.)

Kabbala

- Kursus der praktischen Kabbala (150 S.)
- Eltern der Erde (450 S.)
- Blüten des Lebensbaumes:
    - Die Struktur des kabbalistischen Lebensbaumes (370 S.)
    - Der kabbalistische Lebensbaum als Forschungshilfsmittel (580 S.)
    - Der kabbalistische Lebensbaum als spirituelle Landkarte (520 S.)

Eilenstein, Frater V.D., Knecht, Büdenbender

- Magie heute – Berichte aus der Praxis (288 S.)
- Living Magic (261 p.)

Büdenbender, Eilenstein

- Chaos, Alk und Magic (436 S.)

Die Themen der 87 Bände der Reihe „Die Götter der Germanen"

1. Die Entwicklung der germanischen Religion
2. Lexikon der germanischen Religion
3. Der ursprüngliche Göttervater Tyr
4. Tyr in der Unterwelt: der Schmied Wieland
5. Tyr in der Unterwelt: der Riesenkönig Teil 1
6. Tyr in der Unterwelt: der Riesenkönig Teil 2
7. Tyr in der Unterwelt: der Zwergenkönig
8. Der Himmelswächter Heimdall
9. Der Sommergott Baldur
10. Der Meeresgott: Ägir, Hler und Njörd
11. Der Eibengott Ullr
12. Die Zwillingsgötter Alcis
13. Der neue Göttervater Odin Teil 1
14. Der neue Göttervater Odin Teil 2
15. Der Fruchtbarkeitsgott Freyr
16. Der Chaos-Gott Loki
17. Der Donnergott Thor
18. Der Priestergott Hönir
19. Die Göttersöhne
20. Die unbekannteren Götter
21. Die Göttermutter Frigg
22. Die Liebesgöttin: Freya und Menglöd
23. Die Erdgöttinnen
24. Die Korngöttin Sif
25. Die Apfel-Göttin Idun
26. Die Hügelgrab-Jenseitsgöttin Hel
27. Die Meeres-Jenseitsgöttin Ran
28. Die unbekannteren Jenseitsgöttinnen
29. Die unbekannteren Göttinnen
30. Die Nornen
31. Die Walküren
32. Die Zwerge
33. Der Urriese Ymir
34. Die Riesen
35. Die Riesinnen
36. Mythologische Wesen
37. Mythologische Priester und Priesterinnen
38. Sigurd/Siegfried
39. Helden und Göttersöhne
40. Die Symbolik der Vögel und Insekten
41. Die Symbolik der Schlangen, Drachen und Ungeheuer
42.a Die Symbolik der Herdentiere I
42.b Die Symbolik der Herdentiere II
43. Die Symbolik der Raubtiere
44. Die Symbolik der Wassertiere und sonstigen Tiere
45. Die Symbolik der Pflanzen
46. Die Symbolik der Farben
47. Die Symbolik der Zahlen
48. Die Symbolik von Sonne, Mond und Sternen
49.a Das Jenseits I – Das Hügelgrab
49.b Das Jenseits II – Der Jenseitsweg
50. Seelenvogel, Utiseta und Einweihung
51. Wiederzeugung und Wiedergeburt
52. Elemente der Kosmologie
53. Der Weltenbaum
54. Die Symbolik der Himmelsrichtungen und der Jahreszeiten
55.a Mythologische Motive I
55.b Mythologische Motive II
56. Der Tempel
57. Die Einrichtung des Tempels
58. Priesterin – Seherin – Zauberin – Hexe
59. Priester – Seher – Zauberer
60. Rituelle Kleidung und Schmuck
61. Skalden und Skaldinnen
62. Kriegerinnen und Ekstase-Krieger
63. Die Symbolik der Körperteile
64.a Magie und Ritual I
64.b Magie und Ritual II
64.c Magie und Ritual III
65. Gestaltwandlungen
66.a Magische Angriffs-Waffen
66.b Magische Verteidigungs-Waffen
67. Magische Werkzeuge und Gegenstände
68. Zaubersprüche
69. Göttermet
70. Zaubertränke
71. Träume, Omen und Orakel
72. Runen
73. Sozial-religiöse Rituale
74. Weisheiten und Sprichworte
75. Kenningar
76. Rätsel
77. Die vollständige Edda des Snorri Sturluson
78. Frühe Skaldenlieder
79.a Mythologische Sagas I
79.b Mythologische Sagas II
80. Hymnen an die germanischen Götter